글 달시 패티슨

어린이 책 작가이자 글쓰기 교사입니다. 과학과 자연에 관심이 많아 어린이를 위한 과학 도서를 여러 권 집필했으며,《다윈의 난초 : 130년 만에 증명된 예측》을 비롯해 다섯 권의 도서가 전미 과학교사협회 우수과학 도서로 선정되었습니다. 현재 공상 과학 소설을 기획하고 집필하면서 글쓰기 교육과 강연을 활발히 하고 있습니다.

그림 피터 윌리스

일러스트레이션과 디자인 분야에서 20년이 넘게 활동한 일러스트레이터로 유머와 생기를 불어 넣는 기법의 그림을 좋아합니다. 달시 패티슨과 〈과학자처럼〉 시리즈와 《바다 괴물 대소동 : 가짜 뉴스 이야기》 등을 함께 작업했습니다.

옮긴이 김경연

서울대학교에서 독문학을 전공하고 동대학원에서 '독일 아동 및 청소년 아동 문학 연구'라는 논문으로 문학박사학위를 받았습니다. 독일 프랑크푸르트대학에서 독일 판타지 아동 청소년 문학을 주제로 박사 후 연구를 했습니다. 옮긴 책으로《폭풍이 지나가고》《교실 뒤의 소년》《미움을 파는 고슴도치》《다르면서 같은 우리》《행복한 청소부》《책 먹는 여우》등이 있습니다.

에딩턴의 일식

에딩턴의 일식

초판 1쇄 발행 2023년 4월 17일
초판 2쇄 발행 2024년 6월 28일

글 달시 패티슨   그림 피터 윌리스   옮김 김경연
펴낸이 김명희   편집 이은희   디자인 씨오디

펴낸곳 다봄   등록 2011년 6월 15일 제2021-000136호
주소 서울시 마포구 토정로 222 한국출판콘텐츠센터 305호   전화 02-446-0120   팩스 0303-0948-0120
전자우편 dabombook@hanmail.net   인스타그램 instagram.com/dabom_books

ISBN 979-11-92148-56-4 74400
      979-11-92148-10-6 (세트)

Eclipse: How the 1919 Eclipse Proved Einstein's Theory of General Relativity
Text © 2020 by Darcy Pattison
Illustrations © 2020 by Mims House
All rights reserved.
Korean edition © 2023 Dabom Publishing
The Korean translation rights arranged through Rightol Media (Email:copyright@rightol.com) and
Lena Agency, Seoul, Korea.

이 책의 한국어판 저작권은 레나 에이전시를 통한 저작권자와 독점계약으로 다봄이 소유합니다.
신저작권법에 의하여 한국 내에서 보호를 받는 저작물이므로 무단전재 및 복제를 금합니다.

* 책값은 뒤표지에 있습니다.
* 잘못 만든 책은 구입한 곳에서 교환해 드립니다.

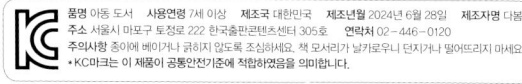

에딩턴의 일식
아인슈타인의 일반상대성이론을 증명하다

달시 패티슨 글 · 피터 윌리스 그림 · 김경연 옮김

다봄.

폭풍우가 치는 동안에는 해도 달도 별도 볼 수 없어.
일식도 볼 수 없지. 이건 과학적 사실이야.

일식은 달이 지구와 태양 사이에 있을 때 일어나. 태양의 일부 또는 전부가 달에 가려지지. 달이 태양을 완전히 가릴 때를 개기일식이라고 불러. 지구에서 일식을 보려면 달이 태양을 가리는 곳으로 이동해야 해. 물론 하늘이 맑아야 하지.

영국의 천문학자 스탠리 에딩턴은 1919년 5월 29일 일식을 관측하고 싶었어. 일식이 일어나는 동안 별들의 사진을 찍어서 증명하고 싶은 게 있었거든.

무엇을 증명하고 싶었느냐고? 사건은 4년 전에 일어났어. 1915년 11월 25일, 독일 과학자 알베르트 아인슈타인은 다른 과학자들에게 자신의 새로운 이론인 일반상대성이론을 설명했어. 우주 공간에서 별들의 힘이 물체들을 어떻게 밀고 당기는지 연구한 결과였지. 물체와 물체가 서로 끌어당기는 힘을 중력이라고 해.

당시 과학자들은 빛이 일직선으로 이동한다고 생각했어. 하지만 아인슈타인은 일반상대성이론으로 깜짝 놀랄 말을 했지. 태양의 거대한 중력이 빛을 끌어당겨 휘어지게 한다는 거야. 이 새로운 이론을 증명하기 위해서는 스탠리 에딩턴과 같은 천문학자의 도움이 필요했어.

1919
프린시페 섬으로!

1919
프린시페 섬으로!

아인슈타인의 이론이 맞다면 별빛은 태양 주위에서 언제나 휘어져야 해. 하지만 평소에는 태양 빛 때문에 주변 별빛이 보이지 않지. 별빛이 휘어지는 것을 측정하려면 태양의 밝은 빛을 차단하는 일식이 필요했어. 그래서 에딩턴을 비롯한 천문학자들은 개기일식 때 사진을 찍어 아인슈타인의 이론을 증명하려고 한 거야.

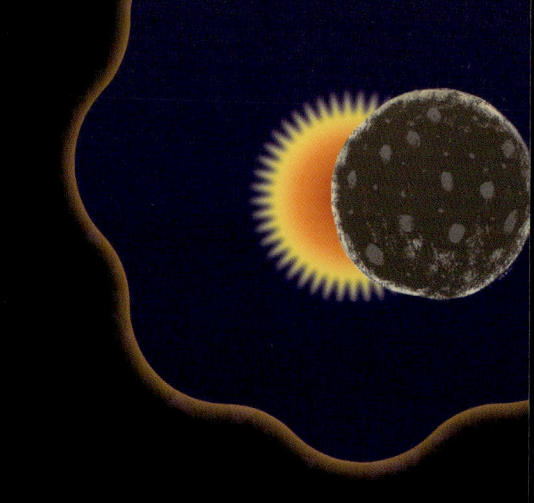

1919
프린시페 섬으로!

"1919년 5월 29일 개기일식은 별빛이 휘는 것을 측정할 완벽한 기회가 될 겁니다."

이렇게 확신한 건 두 가지 과학적 사실 때문이었어. 첫째, 이 날의 일식은 태양이 달에 완전히 가려지는 개기 일식인 데다 지속 시간이 매우 길었어. 무려 5분 2초나 되었지. 영어로 '천문학자'라는 단어를 302번 말할 수 있는 시간이었어. 그러니 많은 사진을 찍을 수 있을 거야. 둘째, 태양 뒤쪽에는 밝은 히아데스 성단이 있으니까, 사진이 더 잘 찍힐 거야.

히아데스 성단

알데바란 황소자리
'황소의 사나운 눈'

영국을 떠나기 전,
과학자들은 일식이 아닐 때
히아데스 성단 사진을 찍었어.

에딩턴은 영국을 출발해 47일 동안 항해해서 아프리카 해안의 아주 작은 섬 프린시페에 도착했어. 일식을 가장 잘 볼 수 있는 곳이었지.

시계 전문가 에드윈 코팅엄이 에딩턴의 조수로 함께 갔어. 그들은 브라질에도 원정대를 보내 일식 사진을 찍게 했어.

5월 29일 아침, 하늘에 구름이 잔뜩 모여들더니 엄청난 장대비가 쏟아졌어. 오후에는 맑아질까?

정오 무렵, 비가 그쳤어. 하늘이 천천히 맑아지자 에딩턴과 코팅엄은 망원경을 설치했어. 오후 1시 30분경이 되자 마침내 구름이 걷혔어. 일식은 벌써 진행되고 있었어! 이지러진 태양이 희미하게 빛났어.

달이 지나가면서 하늘이 어두워지자 별들이 나왔어. 개기일식, 완전한 어둠이 시작될 때 그들은 외쳤어.

"지금이야!"

1초도 낭비할 수 없었어.
302초밖에 시간이 없었거든.
그들은 초마다 똑딱거리는
메트로놈을 작동시켰어.
똑, 딱, 똑, 딱.
에딩턴은 망원경을 지켜보며 모든 장비가
제대로 작동하는지 확인했어.

에딩턴은 카메라의 유리건판을
5초 동안 노출시켰어.
똑, 딱, 똑, 딱, 똑.
유리건판은 빛에 반응하는 특수 액체를
유리판에 발라 만든 것으로 필름이
발명되기 전에 사용되었어.

딱, 똑,

에딩턴은 재빨리 새 유리건판으로 바꿨어.
이번에는 10초 동안 노출시켰어.
똑, 딱, 똑, 딱, 똑,
딱, 똑, 딱, 똑, 딱.
시간이 순식간에 흘렀어.
에딩턴은 302초 동안 16장의 사진을 찍었어.

30

유리건판을 현상해 보니 마지막에 찍은 사진 6장에서 별들이 빛났어. 일식이 일어나는 태양 뒤의 별들이 찍힌 거야. 에딩턴은 조심스럽게 사진들을 포장해서 영국으로 돌아왔어. 그리고 브라질과 프린시페 섬에서 찍은 사진들을 꼼꼼히 비교하고 계산하고 측정했지.

마침내 1919년 11월 6일, 에딩턴과 다른 천문학자들은 일식을 관측한 결과를 발표했어. 태양 주위의 별빛은 정말 휘어져 있었어. 사진들을 보면 아인슈타인의 일반상대성이론이 옳았어.

과학은 끊임없이 변화해. 그 후 수년간, 그리고 지금까지도, 과학자들은 아인슈타인의 이론에 대해 논쟁을 벌이고 있어. 하지만 에딩턴은 한 가지를 확인해 주었어. 바로 별빛이 태양 주위에서 휘어진다는 거야.

그것은 과학적 사실이야.

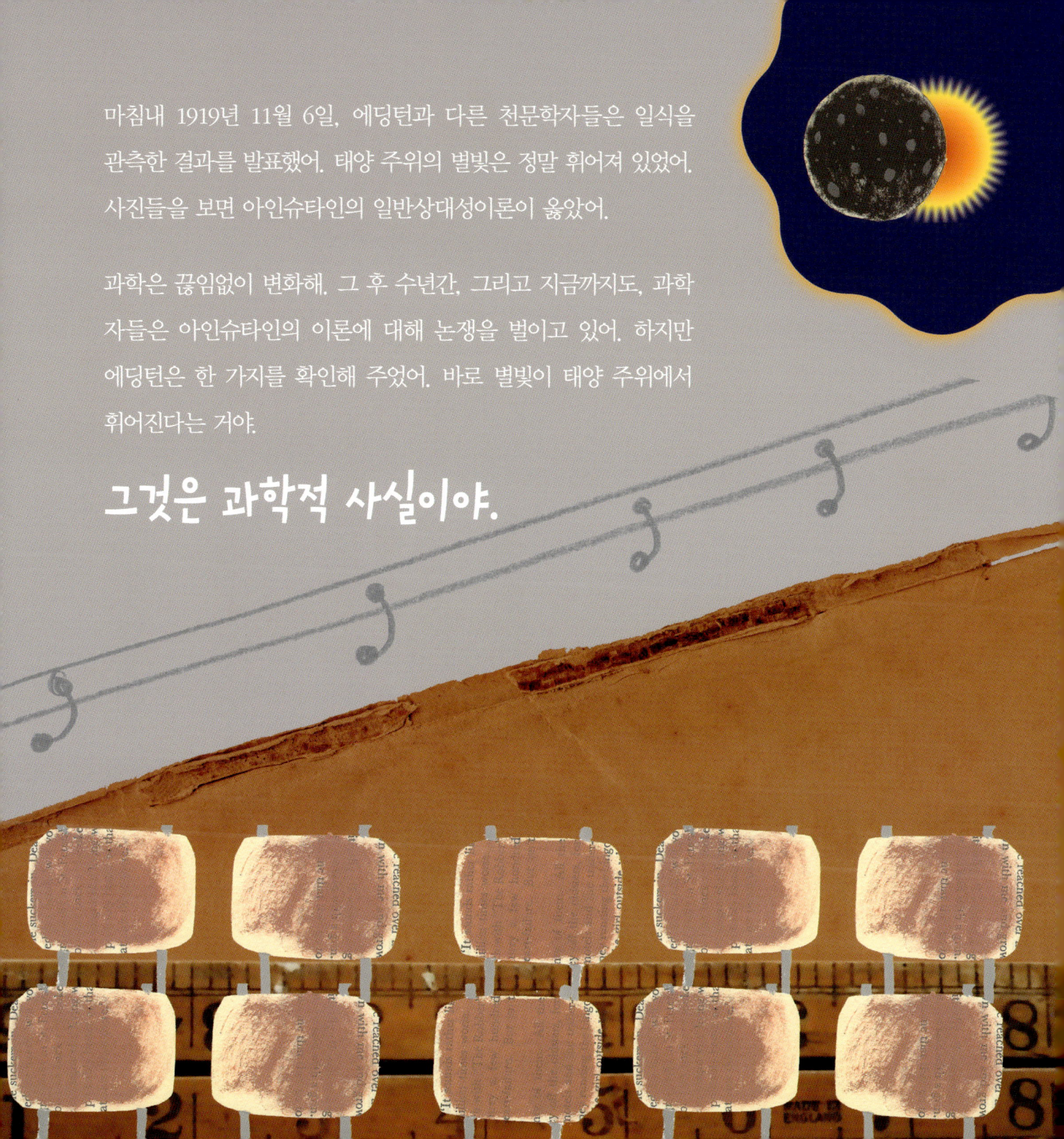

1919년 5월 29일 개기일식을 찍은 원본 사진.
가로로 흐릿하게 나타난 선들이 별들의 위치를 보여 준다.
이 사진은 저작권이 소멸되어 누구나 쓸 수 있다.

과학자의 증명을 따라가 볼까요?

1915년

알베르트 아인슈타인

"사람들이 '괴짜'라고 부르는 아인슈타인입니다. 제가 일반상대성이론을 발표하자 10년 전 특수상대성이론을 발표했을 때와 마찬가지로 대부분 놀라워하면서도 비난과 조롱을 퍼부었어요. 강력하게 믿고 있는 뉴턴의 중력 이론과 다른 새로운 중력 이론이었으니까요."

이론

이론은 과학적 사실로 증명될 수도 있고, 사실이 아닌 것으로 증명될 수도 있어요. 증명을 위해서는 관찰과 실험을 통한 증거가 필요하죠. 이론을 정리하고 개발하고 관찰과 실험 등을 통해 이론을 검증하는 것이 과학의 가장 중요한 활동이자 전부라고 할 수 있어요.

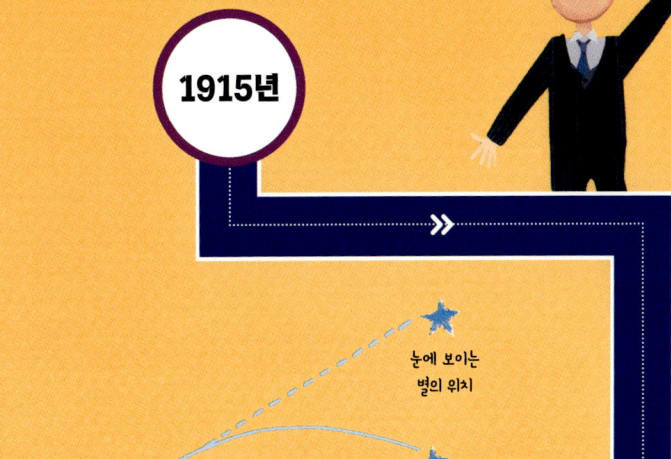

지구 / 눈에 보이는 별의 위치 / 실제 별의 위치

일반상대성이론

일반상대성이론에 따르면 태양의 중력이 주변의 시공간을 휘게 해요. 그 결과 지구에서 멀리 떨어져 있는 별이 내뿜는 빛이 지구에 올 때 휘어지게 되죠. 시간과 공간은 절대 변하지 않는다는 기존의 우주관으로는 절대로 이해할 수 없는 현상이었죠. 일반상대성이론이 받아들여지려면 반드시 실험으로 검증되어야 했어요. 아인슈타인은 천문학자들이 검증해 주길 간절히 원했어요.

당신의 이론은 뉴턴의 중력 이론과 다르잖아요.

증명할 수 있어요?

"긴 설득 끝에 다이슨 경은 원정대를 두 팀으로 꾸렸고, 제가 속한 팀은 아프리카 서부 해안의 프린시페 섬으로, 또 다른 팀은 브라질의 소브랄로 떠났답니다."

개기일식

일식

일식은 지구에서 볼 때 태양이 달에 가려지는 현상이에요. 일식 때는 태양과 지구 사이에 달이 놓이면서 달의 그림자가 지구에 생기고, 그 그림자 안에서 태양이 달에 가려져 보이죠. 그 결과 평소에는 볼 수 없었던 별을 관측할 수 있는 거예요.

태양이 완전히 달에 가려지는 때를 개기일식이라고 하는데 그 시간은 길어야 몇 분에 불과해요. 그런데 1919년의 개기일식은 이 시간이 여느 때보다 길어서 사진을 많이 찍을 수 있었어요. 또 태양 뒤의 별이 유난히 밝은 히아데스 성단이었기 때문에 사진에 잘 보일 테니까요. 이러한 이유로 1919년의 일식이 아인슈타인의 일반상대성이론을 검증할 완벽한 기회라고 한 거예요.

아서 스탠리 에딩턴

"안녕하세요. 아서 스탠리 에딩턴입니다. 아인슈타인이 일반상대성이론을 발표할 당시 왕립천문학회 비서관이었습니다. 저는 일반상대성이론 논문을 읽고 어떻게든 직접 검증해야겠다고 결심했죠. 1917년, 저는 왕실천문관 프랭크 왓슨 다이슨 경에게 1919년에 일어날 일식이 가장 좋은 기회가 될 테니 일식원정대를 꾸려 달라고 요청했어요."

1917년

밤하늘에 반짝이는 건 모두 별일까요? 우주에는 행성과 별이 있는데요 둘은 차이가 있어요. 행성은 시간이 지남에 따라 위치가 변하지만, 별은 거의 변하지 않아요. 또 행성은 스스로 빛날 수 없는데 별은 스스로 빛날 수 있다는 점이 달라요.

일식이 진행되는 동안 태양을 맨눈으로 쳐다보는 건 위험해요! 실명을 할 수도 있죠. 물론 태양이 완전히 가려지는 개기일식 때도 마찬가지. 쌍안경이나 망원경으로 보려면 태양 관측 필터를 사용해야 하고, 반드시 짙은 색 셀로판지를 여러 겹 겹치거나 빛과 자외선을 차단해 주는 안경이나 도구를 활용해 일식을 관측하도록!

1919년 5월 29일

일식 관측과 사진 촬영을 위해선 날씨가 맑아야 해요. 하지만 날씨는 예측이 어렵죠. 그래서 원정대를 두 팀으로 나눠 서로 다른 곳으로 보낸 거예요. 실제 에딩턴 팀이 있던 프린시페 섬은 아침부터 장대비가 쏟아져서 모두를 긴장하게 했어요. 비가 그치지 않는다면 별빛을 사진으로 찍는 건 불가능하니까요. 다행히 정오부터 비가 잦아들고 하늘이 맑아져 원하던 사진을 얻을 수 있었어요.

"과학은 이론을 검증하는 과정이라고 할 수 있어요.
이론을 검증하려면 다양한 분야의 사람들의 도움이 필요하죠.
가장 좋은 기회를 놓치지 않는 것도 중요하고요.
제가 1919년 개기일식을 최고의 관측 기회로 삼은 것처럼요!"

1919년 11월 10일 <뉴욕타임즈> 기사. 하늘의 모든 빛은 휘어진다는 내용을 담고 있다. (사진 : 위키미디아)

"과학 혁명, 우주의 새로운 이론으로 뉴턴의 아이디어가 무너지다!"

이날의 발표는 전 세계 신문 첫 페이지를 크게 장식했어요. 하지만 에딩턴의 관측을 두고 논쟁은 계속되었고, 지금도 일반상대성이론에 대한 검증은 계속되고 있어요.

짜잔!

에딩턴의 원정대와 브라질 원정대가 얻은 사진과 관측 자료를 오랫동안 분석한 결과를 발표했어요. 아인슈타인이 일반상대성이론을 따라 예측한 대로 별빛은 직진하지 않고, 태양 주변에서 휘어져 지구에 도달한다고 말이죠. 중력이 시공간에 미치는 영향을 설명한 일반상대성이론을 그 주변 별을 관측해 증명하는 데 성공한 거예요.

1919년 11월 6일

과학자처럼 시리즈로 과학 공부, 준비~ 시~작!

초등학교 3학년부터 '과학'을 본격적으로 배우기 시작해요. 호기심이 한창 왕성할 시기라 '과학'을 좋아하는 친구가 많은 반면에 어렵지 않을까 겁부터 먹는 친구들도 있다고 하죠? 하지만 무엇을 배우든지 의미와 목표, 방향을 알고 시작하면 재미는 커지고, 힘든 고비를 넘어설 때는 자신감이 생기기 마련이죠! **과학자처럼** 시리즈는 과학 공부를 준비하거나 시작하는 친구들과 과학 공부를 조금 힘들어하고 어려워하는 친구 모두를 위한 책이랍니다. 초등 과학 교과 과정의 목표와 방향, 그리고 과학 학습을 통해 얻는 다섯 가지 핵심역량을 과학적 사건과 인물을 통해 자연스럽게 알려 주거든요.

아하! 과학을 공부하면 이런 힘을 기를 수 있구나!

과학자처럼 시리즈는 과학의 역사를 바꾼 사건과 주인공 이야기입니다. 과학자는 놀랍도록 신비한 우주와 자연의 원리를 탐구해서 밝혀냅니다. 과학이 역사를 바꿨다는 건 세상을 바꿨을 뿐만 아니라, 우리가 세상을 바라보는 방향과 생각하는 방식이 바뀌게 되었다는 것도 뜻한답니다. 그렇다면 이렇게 엄청난 힘이 있는 과학을 연구하는 과학자는 어떤 사람일까요? 혹시 머리가 엄청 좋은 사람만 과학자가 될 수 있을 거라고, 그래서 나와 상관없다고 생각하는 친구가 있나요? **과학자처럼** 시리즈를 읽으면, 꼭 그렇지만은 않다는 걸 발견할 거예요.

그뿐만 아니라 아래와 같은 질문에도 답할 수 있게 될 거예요. 무엇보다 '과학'을 공부하는 이유와 목적, 그리고 과학을 공부하면서 얻어지는 학습 능력은 다른 교과를 공부할 때도, 일상생활을 할 때도 큰 힘이 된다는 걸 꼭 기억하세요.

과학자처럼 관찰과 실험으로 증명해 보세요.

- 과학자는 어떻게 세상을 바라볼까?
- 과학자는 무엇을 궁금해할까?
- 과학자는 궁금한 것을 어떻게 해결할까?
- 과학자는 어떻게 탐구할까?
- 과학을 공부하려면, 또 과학자가 되려면 무엇이 필요할까?

과학자처럼

과학자는 놀랍도록 신비한 우주와 자연의 원리를 탐구하고 밝혀냅니다. '과학자처럼' 시리즈는 과학사에 한 획을 그은 과학자와 업적을 통해 '과학을 공부하는 힘'을 발견하도록 돕습니다.

달시 패티슨 글 | 피터 윌리스 그림
김경연 옮김 | 44~48쪽 | 각 권 13,000원

과학자처럼 ① 다윈의 난초 130년 만에 증명된 예측

과학은 질문하고 답을 찾아가면서 발전합니다. 때로는 시간이 오래 걸리기도 합니다. 다윈은 꿀샘이 긴 난초가 어떻게 꽃가루받이를 할지 궁금하게 여기다가 긴 주둥이를 가진 나방이 존재할 것을 예측합니다. 이 예측은 무려 130년이 걸려 증명되었습니다.

과학자처럼 ② 패러데이의 촛불 양초 한 자루가 던진 질문

과학자들에게는 '당연한 것'이 없어 보입니다. 주변의 모든 현상에 물음표를 달고, 기어이 답을 찾아 느낌표로 바꾸려 합니다. 마이클 패러데이 또한 촛불 하나를 놓고 '왜 이런 일이 일어날까? 원인이 뭘까?' 질문하며 즐거운 크리스마스 강연을 펼칩니다.

과학자처럼 ③ AI와 인간 알파고는 어떻게 이세돌을 이겼을까

2016년, AI 알파고와 이세돌의 바둑 대결이 있었습니다. 결과는 알파고의 승리! 과연 AI는 인간보다 더 똑똑해질까요? AI를 두려워하거나 경쟁 상대로 여기기보다는 어떻게 함께 살아갈지 상상해 보면 어떨까요? 과학자처럼!

과학자처럼 ④ 클라드니의 소리 소리가 보이는 모래 실험

과학자는 좋아하는 것에 푹 빠져서 연구하고 또 연구합니다. 물리학자 클라드니는 '소리'에 관해 궁금해하며 악기도 발명하고 《음향학》 책도 씁니다. 게다가 황동판과 모래를 이용한 실험으로 보이지 않는 소리의 모양을 보여 주는 데 성공합니다.

과학자처럼 ⑤ 에딩턴의 일식 아인슈타인의 일반상대성이론을 증명하다

과학은 이론을 검증하는 과정이기도 합니다. 천문학자 에딩턴은 당시 과학계를 뒤흔든 아인슈타인의 일반상대성이론을 꼭 검증하고 싶었습니다. 그 결과 1919년 5월 29일, 태양이 달에 완전히 가려지는 개기일식을 최고의 기회로 삼아 성공합니다.

과학자처럼 ⑥ 휴 베넷의 토양 환경학자, 땅에 생명을 불어넣다

거대한 흙먼지 폭풍 더스트 볼이 여러 도시를 집어삼켰습니다. 이 엄청난 재난은 토양을 잘못 사용했기 때문에 벌어진 일이었습니다. 생명을 잃어버린 토양을 살릴 방법이 있을까요? '토양 보존의 아버지'로 불리는 휴 베넷에게 답을 구해 보세요.